AF370024

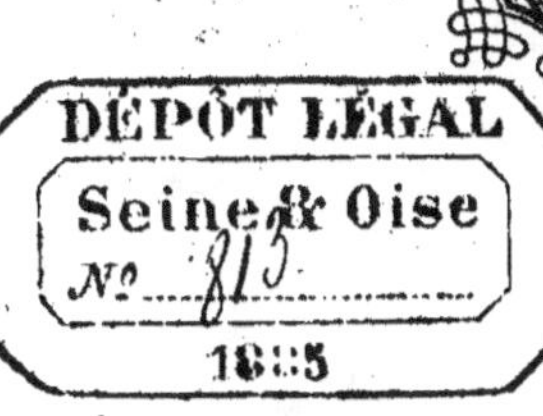

DISCOURS

PRONONCÉS A PARIS

le 7 Juillet 1885

Aux Obsèques de

M. LE Dʳ HENRI LABARRAQUE

DISCOURS

PRONONCÉS A PARIS LE 7 JUILLET 1885

AUX OBSÈQUES DE

M. Henri LABARRAQUE

DOCTEUR EN MÉDECINE

Ancien Président de la Société médico-pratique,
de la Société chirurgicale dite du Temple,
de la Société médicale des bureaux de bienfaisance,
des Sociétés médicales des Ve et X^e arrondissements,
de la Société des médecins de l'état civil,
Inspecteur honoraire de la Vérification des décès,
Membre de la Commission d'hygiène publique et de salubrité
du Xe arrondissement, du Comité d'instruction primaire et de la Délégation
cantonale du Xe arrondissement,
du Conseil d'administration de la Société protectrice de l'enfance,
Médecin honoraire de la Société philanthropique de Paris,
Membre de la Société de prévoyance et d'assistance mutuelle des médecins
du département de la Seine et de l'Association générale
des médecins de France,
Médecin des associations des artistes peintres, des artistes dramatiques,
des artistes musiciens,
Médecin de la Société des gens de lettres,
Membre du Conseil de la Société d'acclimatation,
Vice-président du Conseil de la Cie d'assurances la Fraternelle parisienne,

CHEVALIER DE LA LÉGION D'HONNEUR
OFFICIER DE L'ORDRE DE SANTA ROSA DE HONDURAS.

DISCOURS

PRONONCÉ PAR **M. ORFILA**

Secrétaire général de l'Association des médecins de la Seine.

Le bureau de l'Association des médecins de la Seine m'a confié la mission douce et pénible à la fois de dire un dernier adieu au sociétaire sympathique, modeste, bienfaisant, honorable entre tous : j'ai nommé M. Henri Labarraque.

Fondée en 1833, la première en France, sous la chaude et puissante impulsion d'Orfila, notre œuvre de confraternelle assistance et de moralisation professionnelle, qui fait si grand honneur au corps médical de Paris, devait enflammer le cœur noble et généreux de notre cher et regretté confrère. Dès 1838, Labarraque embrassa la cause de l'Association; pendant quarante-cinq ans, son zèle, son dévouement ne se sont jamais démentis. Une douleur immense pouvait seule nous priver de son concours actif. Quelle épreuve pour sa tendresse paternelle, quand il vit la carrière brillamment commencée de son fils Édouard, brusquement interrompue par un mal inexorable!..... Édouard fut aussi un serviteur fidèle et dévoué de notre œuvre. Pour le fils comme pour le père, l'Association était devenue une seconde famille : chaque événement important, chaque joie intime était, pour l'un comme pour l'autre, occasion à libéralités destinées aux déshérités de la profession; aussi les deux noms de Henri et d'Édouard Labarraque sont inscrits au livre d'or de nos bienfaiteurs, et leur souvenir vivra-t-il impérissable dans notre Association.

DISCOURS

PRONONCÉ PAR **M. le Dr Henri HUCHARD**
Président de la Société médico-pratique de Paris.

Il y a quelques mois à peine, la Société médico-pratique de Paris, que j'ai l'honneur de présider, voulant donner à l'un de ses doyens, à son ancien président, à son référendaire depuis de longues années, à l'un de ses membres les plus vénérés et les plus affectionnés en un mot, une marque éclatante de son estime et de sa reconnaissance pour les services rendus, proposait de lui offrir une médaille commémorative de sa nomination. La mort ne l'a pas voulu, et elle m'impose le douloureux devoir de dire quelle perte irréparable frappe aujourd'hui notre Société savante si longtemps honorée dès sa fondation par trois générations d'une même famille médicale.

Après avoir, le 14 avril 1837, à l'âge de vingt-six ans, soutenu avec succès à la Faculté de médecine de Paris, sur la *céphalalgie* et la *migraine* et sur le *traitement de l'ongle incarné*, sa thèse inaugurale que l'on peut encore aujourd'hui consulter avec intérêt, HENRI-FÉLIX-HILAIRE LABARRAQUE fut élu, dès le commencement de l'année suivante, en janvier 1838, membre titulaire de la Société médico-pratique, que son père, membre de l'Académie de médecine dans la section de pharmacie, avait contribué à fonder en 1805 et qu'il avait honorée par le haut patronage de son nom. On ne saurait assez dire avec quelle assiduité il suivait nos séances, quelle attention il prêtait à nos discussions dans lesquelles il nous apportait, toujours pour le plus grand bien de tous, le fruit de ses observations et de son expérience. De loin, lorsqu'il fut malheureusement séparé de nous par une longue et cruelle maladie, il aimait à s'en rapprocher par la pensée, à s'intéresser à son développement, à parler de sa prospérité croissante, et il n'avait qu'une pensée (je puis le dire avec assurance, puisque j'ai eu l'honneur, comme médecin et ami, d'être le confident intime de ses peines physiques et morales), il n'avait qu'une pensée, celle de venir un jour, encore une fois, assister à l'une de nos réunions, où il savait si bien ne rencontrer que des mains tendues affectueusement vers lui et ne voir que des visages amis dans la Société savante qui lui avait décerné la présidence dès l'année 1846 et qui l'avait maintenu depuis longtemps dans ses fonctions de référendaire. Du reste, n'ai-je pas un plus bel éloge à faire qu'en rappelant qu'il a été toujours élu une ou deux fois président de toutes les Sociétés savantes ou professionnelles dont il fit partie, des Sociétés médico-chirurgicale, médico-pratique, des bureaux de bienfaisance du V⁰ et du X⁰ arrondissement, des médecins de l'état civil ?

Dans toutes les fonctions qu'il a exercées, le plus souvent gratuites, il a toujours apporté la même assiduité, la même persévérance, la plus rigoureuse sévérité pour lui-même et la plus indulgente bienveillance pour les autres. Il fut médecin du bureau de bienfaisance pendant quatorze ans, prodiguant aux pauvres déshérités de la fortune et de la santé ses soins les plus éclairés et les plus dévoués ; médecin, puis inspecteur de l'état civil pendant près de trente-cinq ans ; chirurgien aide-major, puis chirurgien major à la 5° légion de la garde nationale en 1847 et 1848 ; médecin sans rétribution, pendant plus de trente ans, de plusieurs associations fondées par le baron Taylor.

En 1845, il est élu l'un des secrétaires du Congrès médical de France, où il rendit les plus grands services, et jeune encore, dès 1847, il obtient la croix de chevalier de la Légion d'honneur, juste récompense d'un dévouement qui ne fit ensuite que grandir avec l'âge et les circonstances. C'est ainsi qu'on le trouve partout où il y a un devoir à remplir, une infortune à relever, un service à rendre ; qu'en 1848, le ministre de l'intérieur d'alors, M. Sénart, lui adressa des remerciements et des félicitations pour sa courageuse conduite pendant les journées de juin ; qu'en 1849 et en 1853, le gouvernement lui décerna des médailles pour l'épidémie de choléra, et une médaille d'argent comme médecin vaccinateur ; qu'en 1870 encore, pendant l'année terrible et à l'heure de nos désastres, il offrit ses services médicaux au gouvernement d'alors et fit vaillamment son devoir.

Il appartenait aussi depuis longtemps à l'Association des médecins de France, et eut l'honneur d'être choisi parmi les membres du Conseil d'administration de l'Association des médecins de la Seine. Mais il n'était pas de ceux qui se contentent de verser leurs cotisations à titre collectif pour aider l'infortune. Que de fois, en effet, n'a-t-il pas simplement, sans ostentation, exercé une sorte de charité clandestine en secourant des confrères malades, ou des veuves de confrères tombés dans la misère, les visitant, les encourageant, leur obtenant des pensions de retraite, et les aidant de sa bourse toujours libéralement ouverte !

Il aimait au plus haut point sa profession, qu'il honorait par sa probité, son esprit de confraternité et aussi par ses sentiments élevés et généreux. Tous ces sentiments, il les avait inspirés à son fils ÉDOUARD LABARRAQUE, mon compagnon d'études, mon collègue d'internat, dont je ne puis aujourd'hui évoquer le souvenir sans éprouver la plus profonde et la plus triste émotion, et dont le malheureux père était si justement fier ! Il lui fut enlevé en 1882, alors qu'il était jeune encore, à l'heure des espérances et des rêves de bonheur, au moment où il se sentait presque renaître dans son fils, où il voyait chez lui comme chez tous ses enfants, revivre les traditions d'honnêteté, d'intelligence et de dévouement de toute la famille. Dès ce triste jour, sa santé

fut ébranlée, et, après une longue période de souffrances inter-
rompues par quelques moments d'accalmie où nous nous plai-
sions à espérer encore, il s'est éteint, entouré de l'affection de tous
les siens, en affirmant une fois de plus ses fermes convictions
religieuses qui l'avaient toujours soutenu, et sa foi politique qu'il
n'a jamais voulu renier.

Mais il n'a pas disparu tout entier : il nous reste encore et pour
toujours avec la meilleure partie de lui-même, laissant à nous
médecins, ses collègues, l'exemple d'une vie dignement remplie,
d'une carrière médicale sans tache, d'une honorabilité à toute
épreuve, à tous ceux qu'il a obligés, à ses nombreux amis, des
sentiments impérissables de reconnaissance ; à ses malades le
souvenir affectueux de soins dévoués ; à ses chers et dignes enfants, un bel héritage de qualités et de vertus ; à la courageuse
et dévouée compagne de toute son existence, un bonheur passé
et une mémoire immaculée !

DISCOURS

PRONONCÉ PAR **M. le Dr MACHELARD**

De la Société médicale des Bureaux de bienfaisance.

La Société médicale des bureaux de bienfaisance aurait manqué à un véritable devoir, en s'abstenant de prendre la parole
sur les bords de la tombe de l'un de ses membres fondateurs
les plus distingués. La perte du Dr Labarraque, dont le nom
devait déjà à l'hérédité paternelle la plus honorable des noto-
riétés, et qui par ses mérites personnels avait largement ajouté
à cette précieuse partie de son patrimoine, excitera certai-
nement de vifs regrets dans tout le corps médical de Paris,

où chacun de ses confrères lui prodiguait les marques de la plus affectueuse estime.

Indépendamment de tant de titres variés à la considération universelle, le Dr Labarraque, qui ne se ménageait point dans les occasions dignes de provoquer son zèle toujours prompt à se manifester, n'avait pas cessé de rester au premier rang parmi ceux d'entre nous qui, à son exemple, prirent une part active à la fondation de notre nouvelle Société, et, depuis son origine, en 1852, il avait puissamment contribué à tous les progrès qui ont développé son influence dans le domaine de l'assistance publique à domicile. Aussi, dans un élan amplement justifié de notre reconnaissance, nous avions été entraînés à décerner par acclamation à deux reprises les honneurs de la présidence à un collègue qui méritait si bien cette insigne et exceptionnelle faveur. Parmi nous, ceux qui doivent au privilège de leur âge le titre de vétérans, n'ont pas manqué de conserver le souvenir des éminentes qualités, manifestées pendant la durée de la double occupation de ce poste. Comment oublier, en effet, cette parfaite aisance dans la direction de discussions souvent animées, cette élocution à la fois facile et élégante, et dans les questions délicates et épineuses, ce jugement, dont la sûreté égalait la promptitude?

A une époque qui remonte à plusieurs années, notre Société avait eu le bonheur de posséder en même temps le père et le fils aîné, tout récemment devenu docteur et chargé promptement d'un service de bienfaisance. Ce dernier n'avait pas tardé à être apprécié parmi nous comme il le méritait, et il avait été bientôt élu membre de notre bureau. Comme secrétaire, il s'était distingué par les qualités de la rédaction de nos procès-verbaux de séances, et à cet égard il s'était montré le digne fils de celui qui avait si souvent tenu la plume à la satisfaction générale, à l'époque de l'important congrès médical de 1845. Par malheur, une carrière, dont les débuts se recommandaient par de brillants antécédents dans les rangs de l'internat, et qui donnait les plus belles espérances, fut brusquement interrompue : une maladie cruelle et fatale dans sa marche progressive se déclara inopinément, provoquée sans doute par des travaux excessifs, et de douloureuses alarmes vinrent remplacer les plus légitimes perspectives d'avenir. Malgré les soins les plus tendres et les plus dévoués, la redoutable affection, simplement retardée dans son évolution, n'en arriva pas moins à son issue funeste et plongea dans le désespoir une famille entière.

Jusqu'à cette crise déplorable, notre excellent collègue avait conservé une bonne santé, et, malgré les progrès de l'âge, il n'avait pas cessé d'être pour nous tous un modèle d'entrain et d'activité, difficile à égaler. Mais la commotion morale, ressentie alors comme chef de famille cruellement frappé dans ses plus chères affections, ne pouvait manquer d'être excessive, et le Dr Labarraque éprouva un ébranlement qui ne tarda pas à entraîner une profonde altération de toute son économie. L'heure d'une retraite définitive était arrivée pour lui, et malgré le reste d'une ardeur qui dépassait souvent ses forces, il dut, non sans d'amers regrets, se résigner à se démettre des fonctions qu'il avait tenu à conserver le plus longtemps possible, y trouvant un lien qui le rattachait encore à une profession passionnément aimée et noblement exercée.

Depuis cette époque, si douloureuse pour lui, le vif sentiment d'un devoir à accomplir ayant été l'unique mobile de tous les actes de sa carrière, l'existence du Dr Labarraque a consisté dans une lutte incessante, supportée avec courage et adoucie par les attentions délicates et les fortifiantes exhortations des nombreux membres d'une famille, qui comprenait tout le prix de la conservation de son chef, si justement vénéré. Il m'a été donné plusieurs fois, dans ces derniers temps, d'être le témoin attendri de cette ferme résistance aux progrès d'un mal implacable, et la résignation toute chrétienne de mon sympathique confrère m'a toujours vivement impressionné. Mais le combat d'une organisation vigoureuse et soutenue par un moral d'une trempe énergique devait avoir un terme, et c'est seulement au bout de deux longues années de souffrances, signalées par de trop courtes améliorations et par des aggravations de plus en plus sérieuses, que le dénouement fatal d'un mal d'une nature inexorable s'est accompli.

En présence d'un pareil deuil, les confrères et les amis du Dr Labarraque n'ont plus qu'à s'associer à la profonde douleur d'une famille, de nouveau cruellement éprouvée, et à conserver pieusement le souvenir d'un confrère, qui se distinguait par une si heureuse combinaison des qualités du cœur et de l'esprit.

Adieu, cher Labarraque! Adieu, digne confrère et excellent ami!

DISCOURS

PRONONCÉ PAR **M. le Dr CARRIÉ**

Président de la Société médicale du Xe arrondissement.

C'est au nom de la Société médicale du Xe arrondissement que je viens adresser un dernier adieu à notre collègue le Dr Labarraque. Fondateur de notre Société, il en fut le président, et, malgré son âge, un des membres les plus assidus. Il ne s'éloigna de nous qu'au moment où un deuil cruel vint le frapper dans ses plus chères affections et que sa maladie ne lui permit plus de venir assister à nos séances. Ses sentiments si dévoués de confraternité, sa bonté, le faisaient aimer et estimer de tous ses col-

légues sans exception : tous nous avons pu admirer son amour
du bien ; et nous, ses jeunes confrères, nous ne saurions jamais
oublier son extrême bienveillance à notre égard : son affabilité
pour nous était proverbiale, et jamais, quand nous nous adres-
sions à lui, nous ne le quittions sans un bon conseil, sans une
parole d'encouragement. Tous nous avons pu apprécier les
hautes qualités de son cœur; aussi en venant ici adresser un
suprême adieu à notre vénérable confrère, et exprimer à sa
famille la part que nous prenons à son immense douleur, suis-je
l'interprète des sentiments de tous nos collègues de la Société
médicale du X° arrondissement qui, tous l'ayant connu, étaient
tous de ses amis.

DISCOURS

PRONONCÉ PAR **M. le Dr GAUCHET**

MESSIEURS,

Après les discours que vous venez d'entendre, et qui ont
payé à la mémoire de Labarraque le légitime tribut qui lui était
dû, j'ose à peine prendre la parole.

Permettez cependant que je vienne à mon tour ajouter quelques mots au nom de ses amis, aujourd'hui si attristés! L'amitié
dont il m'a honoré depuis trente ans et que j'étais heureux de lui
rendre, me donne quelque droit d'être l'interprète de la profonde affection qu'il avait su leur inspirer et des regrets douloureux qu'ils ressentent de l'avoir perdu.

Messieurs, témoin respectueux du deuil d'une famille à laquelle
moi et les miens nous sommes depuis si longtemps attachés,
pénétré moi-même de ce même deuil, je ne me sens guère en état
de parler de notre ami comme nous savons qu'il le mérite ; mais

mon cœur me commande de surmonter mon affliction, quelque peine que j'y puisse trouver, pour rendre un dernier hommage aux qualités, aux vertus dont il était doué et que lui seul semblait ignorer. Ces vertus, ces qualités, se résument en deux mots : Labarraque était l'homme du devoir et il était essentiellement bon. La bonté formait le fond même de son caractère et mettait son empreinte à toutes ses paroles, à toutes ses actions. Aussi l'a-t-on constamment connu bienveillant à l'égard de tous, dévoué à ses clients et à ses amis, serviable, humain, généreux, bienfaisant : beaucoup l'ont éprouvé et le savent comme moi. Tel il avait toujours été dans les années heureuses, tel il continua d'être et à un plus haut degré encore, marque assurée de sa nature excellente, après qu'il eut été frappé, il y a quelques années, d'une inconsolable douleur ; tel enfin il ne cessa de se montrer jusqu'à son dernier jour, dans les cruelles souffrances de la longue et douloureuse maladie qui nous l'a enlevé et au milieu desquelles nous l'avons plus d'une fois entendu regretter comme perdus les jours où il n'avait pas trouvé l'occasion de faire du bien.

Je m'arrête, Messieurs, mon émotion au bord de cette tombe, qui va se refermer sur les restes de celui que nous avons aimé, me laisse à peine la force d'accomplir jusqu'au bout le pénible et cher devoir que m'impose une amitié reconnaissante.

Cher Labarraque, mon cher vieil ami, c'est d'un cœur navré que je t'adresse le suprême adieu au nom de nous tous, qui ne cesserons jamais de chérir et de vénérer ta mémoire. Adieu ; repose dans l'inaltérable paix que t'ont méritée tes vertus. Adieu, ou plutôt, au revoir, comme c'était notre commune espérance et notre commune foi !

4899-85. — Corbeil. Imprimerie-Crété.